COMMENT TROUVER UN TRAVAIL : CONSEILS INCONTOURNABLES POUR UNE RECHERCHE D'EMPLOI EFFICACE

AURNY AIRDUVAL

COMMENT TROUVER UN TRAVAIL : CONSEILS INCONTOURNABLES POUR UNE RECHERCHE D'EMPLOI EFFICACE

Partie 1

Préparation et réflexions

Chapitre 1

Introduction à la recherche d'emploi

La recherche d'emploi est une étape cruciale dans la vie de chacun. Que vous soyez un jeune diplômé enthousiaste, un professionnel expérimenté en quête de nouvelles opportunités ou quelqu'un en transition de carrière, la quête d'un emploi qui correspond à vos compétences, vos intérêts et vos aspirations peut être à la fois stimulante et exigeante. Ce premier chapitre vous guidera à travers les bases de la recherche d'emploi, vous aidera à comprendre l'importance de cette étape et à vous préparer mentalement.

1. L'évolution du processus de recherche d'emploi : le processus de recherche d'emploi a considérablement évolué au fil du temps. Autrefois, il s'agissait principalement d'envoyer des CV imprimés par la poste ou de répondre à des annonces dans les journaux. Aujourd'hui, la recherche d'emploi s'est déplacée en ligne, avec une multitude de plateformes, de réseaux sociaux professionnels et d'outils pour vous aider à vous connecter avec les employeurs potentiels.

Les entreprises recherchent désormais des candidats qui sont non seulement qualifiés sur le plan technique, mais aussi capables de s'intégrer dans la culture de l'entreprise, de travailler en équipe et d'apporter une valeur ajoutée unique. Cela signifie que la recherche d'emploi ne se limite plus à la simple soumission d'un CV et d'une lettre de motivation. Elle exige une approche stratégique et une compréhension profonde de la manière dont vous pouvez vous présenter comme le candidat idéal.

2. L'importance d'une approche structurée : une des erreurs courantes commises par de nombreux chercheurs d'emploi est de sauter directement dans la recherche sans une approche structurée. Il est essentiel de prendre du recul et de considérer la recherche d'emploi comme un projet en soi. Cela signifie définir des objectifs clairs, planifier vos démarches, identifier les ressources dont vous aurez besoin et surveiller vos progrès.

De plus, une approche structurée vous permettra de rester organisé et motivé, même lorsque vous rencontrez des défis ou des périodes de rejet. La recherche d'emploi peut être émotionnellement éprouvante, mais en vous appuyant sur une méthodologie solide, vous serez mieux armé pour faire face aux hauts et aux bas du processus.

3. Préparer votre état d'esprit : la recherche d'emploi peut être décourageante, surtout si vous ne trouvez pas rapidement ce que vous cherchez. Cependant, il est essentiel de maintenir une attitude positive et une mentalité résiliente. Les périodes de transition peuvent offrir des opportunités pour la croissance personnelle et professionnelle. Utilisez ce moment pour réfléchir à vos objectifs, à vos aspirations et à ce que vous souhaitez vraiment accomplir dans votre carrière.

Gardez à l'esprit que chaque refus n'est pas une remise en question de votre valeur en tant que professionnel. Les employeurs recherchent des candidats qui correspondent spécifiquement à leurs besoins, et parfois, les facteurs qui influent sur leurs décisions peuvent être indépendants de vos compétences. Utilisez chaque expérience comme une occasion d'apprentissage et d'amélioration continue.

Ce premier chapitre pose les bases essentielles pour votre voyage de recherche d'emploi. En comprenant l'évolution du processus de recherche d'emploi, en adoptant une approche structurée et en préparant votre état d'esprit, vous serez mieux préparé à affronter les défis et à saisir les opportunités qui se présenteront à vous. Les pages qui suivent vont vous permettre de prendre connaissance de conseils pratiques, de stratégies éprouvées et d'outils pour vous aider à mener une recherche d'emploi efficace et réussie, en maximisant vos chances de trouver le travail qui correspond à vos aspirations professionnelles.

Chapitre 2

Identifier vos Compétences et Intérêts

Avant de vous lancer dans la recherche d'emploi, il est essentiel de bien comprendre vos compétences, vos talents et vos intérêts. Cette étape est le fondement sur lequel vous construirez votre cheminement professionnel. L'identification de vos forces et de vos domaines d'intérêt vous permettra de cibler des opportunités qui correspondent à vos aspirations et à vos capacités, vous donnant ainsi un avantage stratégique dans votre quête d'emploi.

1. Auto-évaluation des compétences : commencez par faire une liste détaillée de vos compétences, qu'elles soient techniques, interpersonnelles ou transférables. Passez en revue vos expériences antérieures, vos emplois précédents, vos projets personnels et tout ce qui vous a permis de développer des compétences spécifiques. N'hésitez pas à solliciter des retours d'amis, de collègues ou de mentors pour obtenir une perspective extérieure sur vos forces.

Identifiez également les compétences que vous avez plaisir à utiliser. Celles-ci peuvent être des compétences que vous maîtrisez déjà ou des compétences que vous aimeriez développer davantage. Cette combinaison de compétences actuelles et de compétences souhaitées vous guidera dans le choix de domaines d'emploi où vous pourrez exceller et vous épanouir.

2. Découverte de vos intérêts professionnels : une compréhension claire de vos intérêts professionnels est tout aussi importante que la connaissance de vos compétences. Pensez aux domaines qui vous passionnent et aux activités qui vous captivent. Qu'est-ce qui suscite votre curiosité ? Quelles sont les tâches ou les sujets qui vous enthousiasment ?

Prenez le temps de réfléchir à vos expériences passées et à ce qui vous a le plus intéressé dans ces situations. Explorez également les sujets que vous aimez apprendre et discuter. Vos intérêts peuvent vous guider vers des industries et des rôles qui correspondent à ce qui vous motive réellement.

3. Alignement des compétences et des intérêts : le véritable pouvoir réside dans l'intersection entre vos compétences et vos intérêts. Cherchez des domaines d'emploi où vous pouvez exploiter vos forces tout en vous plongeant dans des activités qui vous passionnent. Cela peut vous offrir une motivation intrinsèque pour exceller dans ce que vous faites, ce qui peut également se traduire par un meilleur rendement au travail.

Il est important de noter que l'alignement des compétences et des intérêts ne doit pas être figé. Vos compétences peuvent évoluer et s'élargir avec le temps, tout comme vos intérêts peuvent évoluer. La recherche d'emploi est une opportunité pour explorer de nouvelles avenues et pour continuer à développer vos compétences et vos centres d'intérêt.

L'identification de vos compétences et de vos intérêts est le premier pas crucial dans votre recherche d'emploi. Cette auto-évaluation honnête et réfléchie vous donnera une base solide pour cibler des opportunités qui vous correspondent vraiment. En comprenant ce que vous avez à offrir et ce qui vous passionne, vous pouvez commencer à élaborer une stratégie de recherche d'emploi qui vous permettra de trouver un rôle qui vous épanouira et vous stimulera professionnellement.

Chapitre 3

Définir vos objectifs professionnels

La définition d'objectifs professionnels clairs est une étape cruciale dans votre recherche d'emploi. Ces objectifs vous guideront tout au long du processus et vous aideront à concentrer vos efforts sur les opportunités qui sont en accord avec vos aspirations. Nous allons voir comment définir des objectifs professionnels réalistes et ambitieux qui vous donneront une direction solide pour votre quête d'emploi.

1. L'importance de définir des objectifs : lorsque vous cherchez un emploi, il est facile de se sentir perdu si vous n'avez pas de direction claire. Les objectifs professionnels définis vous aident à structurer votre recherche et à éviter de perdre du temps sur des opportunités qui ne correspondent pas à vos aspirations. Ils vous permettent de concentrer vos efforts sur ce qui compte vraiment, tout en vous donnant un sentiment de clarté et de contrôle.

2. Les objectifs à court et à long terme : il est utile de diviser vos objectifs professionnels en deux catégories : à court terme et à long terme. Les objectifs à court terme pourraient inclure des étapes comme la révision de votre CV, l'optimisation de votre profil en ligne, la

recherche d'opportunités spécifiques, etc. Les objectifs à long terme sont des cibles plus vastes que vous souhaitez atteindre dans un futur plus éloigné, comme occuper un poste de gestionnaire, changer de secteur, ou même créer votre propre entreprise.

3. SMART : un modèle pour la définition des objectifs : un modèle largement utilisé pour définir des objectifs efficaces est le modèle SMART :

- Spécifiques (Specific): les objectifs doivent être clairs et précis. Plutôt que de dire "trouver un emploi", soyez plus précis, par exemple "obtenir un poste de responsable marketing dans une entreprise de technologie".

- Mesurables (Measurable): vos objectifs doivent être quantifiables. Cela signifie que vous devez être en mesure de mesurer votre progression et votre succès. Par exemple, "augmenter mon salaire de 20 % par rapport à mon emploi précédent".

- Atteignables (Achievable): les objectifs doivent être réalistes et réalisables avec les ressources et le temps disponibles. Cela ne signifie pas que vous ne devez pas viser haut, mais que vous devez vous assurer que vos objectifs sont réalisables.

- Pertinents (Relevant): vos objectifs doivent être pertinents par rapport à vos compétences, vos intérêts et votre cheminement professionnel. Ils doivent également être en harmonie avec votre vision à long terme.

- Temporellement définis (Time-bound): chaque objectif doit avoir une échéance temporelle. Cela vous aide à rester motivé et à travailler de manière disciplinée pour atteindre vos cibles.

4. Réviser et ajuster vos objectifs : il est important de garder à l'esprit que vos objectifs ne sont pas gravés dans la pierre. Ils peuvent être révisés et ajustés au fur

et à mesure que vous en apprenez davantage sur vous-même, sur le marché du travail et sur les opportunités qui se présentent. Soyez flexible, mais gardez toujours à l'esprit vos aspirations à long terme.

La définition d'objectifs professionnels solides est un élément clé pour réussir votre recherche d'emploi. Des objectifs SMART vous fournissent une direction claire, une motivation et un moyen de mesurer vos progrès. En définissant vos objectifs à court et à long terme, vous pourrez canaliser votre énergie vers les opportunités qui vous rapprocheront de votre vision professionnelle idéale.

Chapitre 4

Réaliser un bilan de compétences personnel

Un bilan de compétences personnel est une évaluation réfléchie de vos forces, compétences, expériences et domaines de développement. C'est un outil puissant pour vous aider à mieux vous connaître en tant que professionnel, à identifier les domaines dans lesquels vous excellez et à découvrir ceux que vous pourriez développer davantage. Nous allons voir les étapes pour réaliser un bilan de compétences personnel et comment utiliser ces informations pour vous mettre en valeur auprès des employeurs.

1. L'importance du bilan de compétences : un bilan de compétences est comparable à une carte au trésor qui révèle vos atouts cachés. Il vous permet de prendre conscience de vos compétences techniques, de vos qualités interpersonnelles et de vos réalisations passées. Cette prise de conscience vous aide à articuler vos forces et vos domaines de spécialisation de manière claire et convaincante, que ce soit dans votre CV, votre lettre de motivation ou lors d'entretiens.

2. Les étapes pour réaliser un bilan de compétences :

a. Auto-évaluation : passez en revue vos expériences passées, vos emplois précédents, vos projets personnels et vos réalisations. Identifiez les tâches que vous avez accomplies avec succès et les compétences que vous avez utilisées pour les atteindre.

b. Sollicitation de retours : demandez à vos amis, collègues et mentors de partager leurs perspectives sur vos forces et vos domaines d'amélioration. Ces retours peuvent souvent révéler des aspects que vous n'avez pas pris en compte.

c. Évaluation des compétences techniques et transférables : identifiez vos compétences techniques spécifiques à votre domaine ainsi que vos compétences transférables, telles que la résolution de problèmes, la communication efficace et la gestion du temps.

d. Réflexion sur les réalisations : Notez vos réalisations notables dans vos emplois précédents, vos projets ou même dans vos activités personnelles. Ces réalisations peuvent illustrer votre capacité à générer des résultats positifs.

e. Identification des intérêts et des valeurs : pensez à ce qui vous passionne, à ce qui vous motive et à ce qui est important pour vous dans un environnement professionnel. Identifiez les valeurs que vous souhaitez que votre futur emploi reflète.

2. Utiliser votre bilan de compétences : une fois que vous avez réalisé votre bilan de compétences, vous pouvez l'utiliser pour personnaliser votre candidature et vos interactions avec les employeurs potentiels. Intégrez vos compétences et vos réalisations pertinentes dans votre CV et votre lettre de motivation. Lors des entretiens, mettez en avant des exemples concrets qui illustrent comment vous avez utilisé vos compétences pour résoudre des problèmes ou atteindre des objectifs.

3. Planifier le développement : le bilan de compétences ne se limite pas à l'identification de vos forces

actuelles. Il peut également vous aider à identifier les domaines que vous souhaitez développer davantage. Utilisez ces informations pour planifier des opportunités de formation, des ateliers ou des expériences professionnelles qui vous permettront d'acquérir de nouvelles compétences et de progresser dans votre carrière.

Réaliser un bilan de compétences personnel est une étape précieuse pour vous préparer à la recherche d'emploi. En identifiant vos forces, vos compétences et vos domaines de développement, vous serez mieux équipé pour vous présenter de manière convaincante aux employeurs potentiels. Votre bilan de compétences personnel est une ressource précieuse qui vous guidera dans la création d'une candidature forte et dans la sélection d'opportunités qui correspondent à vos forces et à vos aspirations.

Partie 2

Outils de base pour la recherche d'emploi

Chapitre 5

Création d'un CV percutant

Votre CV est souvent la première impression que les employeurs ont de vous. Il doit refléter vos compétences, votre expérience et vos réalisations de manière concise et convaincante. Nous allons voir les étapes pour créer un CV percutant qui capte l'attention des recruteurs et met en évidence ce que vous pouvez apporter à l'entreprise.

1. La structure essentielle de votre CV : un CV efficace doit être clair, bien organisé et facile à lire. Voici les éléments essentiels que vous devriez inclure dans votre CV :

a. En-tête : votre nom complet, votre numéro de téléphone, votre adresse e-mail et éventuellement un lien vers votre profil LinkedIn.

b. Résumé pofessionnel : une déclaration concise qui résume vos compétences, vos expériences et vos objectifs professionnels. C'est la première section que les recruteurs liront, alors assurez-vous qu'elle soit percutante.

c. Expérience professionnelle : listez vos emplois précédents en commençant par le plus récent. Pour chaque poste, incluez le nom de l'entreprise, les dates d'emploi et une description de vos responsabilités et réalisations.

    d. Éducation : mentionnez vos diplômes universitaires et toute formation pertinente. Incluez le nom de l'institution, la date de l'obtention du diplôme et éventuellement les distinctions académiques.

    e. Compétences : une liste des compétences techniques et transférables que vous possédez. Cela peut inclure des compétences linguistiques, des logiciels que vous maîtrisez, des certifications, etc.

    2. Personnalisation et mise en évidence : chaque CV que vous envoyez devrait être personnalisé en fonction du poste que vous visez. Mettez en évidence les compétences et les expériences les plus pertinentes pour le poste en question. Utilisez des mots-clés tirés de l'offre d'emploi pour montrer que vous avez les compétences recherchées.

    Mettez également l'accent sur vos réalisations plutôt que sur une simple liste de tâches. Utilisez des chiffres et des données tangibles pour illustrer comment vous avez eu un impact dans vos emplois précédents.

    3. Mise en forme et design : le design de votre CV joue un rôle dans la façon dont il est perçu. Utilisez une mise en forme propre et professionnelle avec une police facile à lire. Utilisez des puces ou des tirets pour organiser les informations et évitez d'encombrer le CV avec trop de détails.

    4. Longueur du CV : un CV ne doit pas être trop long. Généralement, essayez de le maintenir à une page pour les premières étapes de votre carrière, et à deux pages maximum pour les professionnels expérimentés.

    5. Révision et édition : avant de soumettre votre CV, assurez-vous de le relire attentivement pour détecter les erreurs grammaticales ou de frappe. Une impression

soignée est essentielle pour montrer votre professionnalisme.

La création d'un CV percutant est un élément essentiel de votre recherche d'emploi. C'est votre occasion de présenter vos compétences, vos réalisations et votre expérience de manière à attirer l'attention des employeurs. En suivant une structure claire, en mettant en évidence vos réalisations et en personnalisant votre CV pour chaque poste, vous augmenterez vos chances de faire une première impression positive et de progresser dans le processus de sélection.

Chapitre 6

Rédiger une lettre de motivation convaincante

La lettre de motivation est l'occasion de compléter votre CV en mettant en avant votre intérêt pour le poste et en expliquant en quoi vous seriez un atout pour l'entreprise. Une lettre de motivation bien rédigée peut faire la différence entre être remarqué ou simplement passer inaperçu. Nous allons voir les étapes pour rédiger une lettre de motivation convaincante qui attirera l'attention des recruteurs.

1. Personnalisation et pertinence : chaque lettre de motivation devrait être personnalisée pour le poste que vous visez. Évitez les lettres génériques et utilisez des détails spécifiques sur l'entreprise et le poste pour montrer que vous avez fait vos devoirs.

Expliquez pourquoi vous êtes intéressé par l'entreprise et comment vos compétences correspondent aux besoins de l'entreprise. Mettez en avant ce que vous pourriez apporter à l'entreprise, en vous basant sur votre bilan de compétences et vos expériences passées.

2. Structure de la lettre de motivation : votre lettre de motivation doit être organisée de manière claire et cohérente. Voici une structure de base que vous pouvez suivre :

a. En-tête : incluez vos coordonnées ainsi que celles du destinataire, si vous les avez.

b. Salutation : utilisez une salutation professionnelle, de préférence en nommant la personne responsable du recrutement.

c. Introduction : expliquez brièvement comment vous avez entendu parler de l'entreprise et du poste vacant. Exprimez votre intérêt pour le rôle.

d. Corps de la lettre : expliquez pourquoi vous êtes qualifié pour le poste en mettant en évidence vos compétences et vos expériences pertinentes. Utilisez des exemples concrets pour étayer vos propos.

e. Adéquation avec l'entreprise : montrez que vous avez fait des recherches sur l'entreprise en mettant en avant des aspects spécifiques qui vous attirent, comme la culture d'entreprise, les projets récents ou les valeurs.

f. Conclusion : résumez brièvement pourquoi vous seriez un excellent choix pour le poste et exprimez votre intérêt pour une entrevue.

g. Salutation finale : utilisez une salutation professionnelle pour conclure la lettre.

3. Style et ton : la lettre de motivation doit être professionnelle et respectueuse. Utilisez un ton positif et évitez les termes trop informels. Soyez spécifique et évitez les généralités vagues.

4. Longueur de la lettre : une lettre de motivation ne doit pas être trop longue. Essayez de la garder à une page, en étant concis mais informatif.

5. Révision et édition : comme pour votre CV, assurez-vous de relire et de réviser votre lettre de motivation pour détecter les erreurs. Une lettre bien écrite montre que vous avez soigneusement préparé votre candidature.

La rédaction d'une lettre de motivation convaincante est une étape cruciale pour compléter votre candidature. C'est l'occasion de montrer votre enthousiasme pour le poste, d'expliquer comment vous pourriez contribuer à l'entreprise et de vous démarquer des autres candidats. En personnalisant votre lettre, en suivant une structure claire et en utilisant un ton professionnel, vous augmenterez vos chances de créer une première impression positive et de susciter l'intérêt des recruteurs.

Chapitre 7

Optimisation de votre profil en ligne

Aujourd'hui, la présence en ligne est devenue un élément essentiel de la recherche d'emploi. Les recruteurs et les employeurs utilisent souvent les médias sociaux professionnels tels que LinkedIn pour trouver des candidats potentiels. Nous allons voir l'importance de l'optimisation de votre profil en ligne et comment vous pouvez utiliser les plateformes comme LinkedIn pour renforcer votre image professionnelle.

1. La puissance des profils en ligne : les médias sociaux professionnels offrent une plateforme pour présenter vos compétences, vos réalisations et vos intérêts de manière interactive. Un profil bien optimisé peut donner une vision plus complète de votre personnalité professionnelle que ce qui peut être inclus dans un CV ou une lettre de motivation.

2. Création ou mise à jour de votre profil LinkedIn : si vous n'avez pas déjà un profil LinkedIn, c'est le moment d'en créer un. Si vous en avez un, assurez-vous qu'il est à jour et complet. Incluez une photo professionnelle, un résumé qui met en évidence vos compétences et vos objectifs, et une liste exhaustive de vos expériences professionnelles et éducatives.

3. Utilisation de mots-clés pertinents : utilisez des mots-clés pertinents dans votre profil. Les recruteurs utilisent souvent des mots-clés pour trouver des candidats potentiels. Assurez-vous que les compétences, les titres de poste et les termes spécifiques à votre secteur sont présents dans votre profil.

4. Mettre en avant vos réalisations : plutôt que de simplement énumérer vos emplois passés, mettez en évidence vos réalisations spécifiques. Utilisez des exemples concrets pour montrer comment vous avez résolu des problèmes, augmenté l'efficacité ou contribué au succès de votre équipe ou de votre entreprise.

5. Interactions et réseautage : les médias sociaux professionnels ne sont pas seulement pour montrer votre propre profil, mais aussi pour interagir avec d'autres professionnels. Rejoignez des groupes pertinents dans votre domaine, partagez des articles intéressants et engagez-vous dans des discussions pour renforcer votre visibilité et votre réputation.

6. La cohérence de la marque personnelle : assurez-vous que votre profil en ligne est cohérent avec la marque personnelle que vous souhaitez projeter. Votre présence en ligne devrait refléter vos compétences, vos intérêts et vos objectifs professionnels.

7. Éléments à éviter : évitez de publier des contenus controversés ou inappropriés sur vos profils professionnels. Vos profils en ligne devraient être des représentations positives et professionnelles de vous-même.

L'optimisation de votre profil en ligne, en particulier sur des plateformes comme LinkedIn, est une étape essentielle pour renforcer votre image professionnelle et attirer l'attention des recruteurs. Un profil bien conçu et bien entretenu peut vous aider à établir des connexions, à afficher vos réalisations et à montrer votre expertise dans votre domaine. En utilisant les médias sociaux professionnels de manière stratégique, vous augmenterez vos chances d'être repéré par des employeurs potentiels et de saisir des opportunités d'emploi intéressantes.

Chapitre 8

Constituer un réseau professionnel solide

Le réseautage est une composante essentielle de la recherche d'emploi. Un réseau professionnel solide peut vous ouvrir des portes, vous fournir des conseils précieux et vous connecter à des opportunités cachées. Nous allons voir l'importance de la constitution d'un réseau professionnel et comment vous pouvez établir et entretenir des relations significatives.

1. L'importance du réseautage : le réseautage vous permet de rencontrer des professionnels de divers secteurs, d'apprendre de leurs expériences et de partager les vôtres. Un réseau solide peut vous fournir des informations sur le marché du travail, des recommandations pour des postes vacants et des conseils sur la manière de réussir dans votre domaine.

2. Construire votre réseau : voici quelques étapes pour établir un réseau professionnel solide :

a. Identifiez vos contacts actuels : commencez par vos contacts actuels, tels que vos amis, votre famille, vos collègues actuels et anciens camarades de classe. Ils peuvent vous fournir un point de départ solide.

b. Participez à des événements professionnels : assistez à des conférences, des ateliers et des salons professionnels. Ce sont des endroits où vous pouvez rencontrer d'autres professionnels de votre secteur.

c. Utilisez les médias sociaux : les plateformes comme LinkedIn sont d'excellents outils pour élargir votre réseau professionnel. Rejoignez des groupes pertinents et engagez-vous dans des discussions.

d. Rejoignez des associations professionnelles : rejoindre des associations liées à votre domaine peut vous aider à rencontrer des professionnels partageant les mêmes intérêts.

3. Construire des relations authentiques : le réseautage ne devrait pas seulement se concentrer sur ce que vous pouvez obtenir, mais aussi sur ce que vous pouvez apporter aux autres. Soyez authentique et intéressé par les autres. Écoutez et apprenez de leurs expériences.

4. Entretenir votre réseau : entretenir votre réseau est tout aussi important que le construire. Restez en contact avec vos contacts en ligne et hors ligne. Partagez des informations pertinentes, envoyez des messages occasionnels pour prendre des nouvelles et prenez des initiatives pour aider lorsque vous le pouvez.

5. Utilisation stratégique de votre réseau : lorsque vous recherchez un emploi, utilisez votre réseau pour obtenir des informations sur les postes vacants, obtenir des recommandations pour des entreprises et même demander des conseils sur les entretiens.

6. La gestion éthique du réseau : assurez-vous de traiter chaque membre de votre réseau avec respect et éthique. Ne profitez pas uniquement de vos contacts lorsque vous avez besoin d'aide. Soyez prêt à rendre service en retour.

La construction d'un réseau professionnel solide est une compétence précieuse dans la recherche d'emploi. Un réseau bien entretenu peut vous offrir des opportunités uniques et vous aider à naviguer dans votre carrière. En utilisant des événements professionnels, les médias sociaux et des associations professionnelles, vous pouvez établir des relations significatives qui vous aideront non seulement à trouver un emploi, mais aussi à développer votre carrière à long terme.

Partie 3

Recherche active d'emploi

Chapitre 9

Utilisation efficace des sites d'emploi en ligne

Les sites d'emploi en ligne sont des ressources puissantes pour trouver des opportunités professionnelles, mais leur efficacité dépend de la manière dont vous les utilisez. Nous allons voir comment maximiser l'utilisation des sites d'emploi en ligne pour trouver des postes pertinents, postuler avec succès et naviguer dans le processus de candidature en ligne.

1. Le paysage des sites d'emploi en ligne : il existe une multitude de sites d'emploi en ligne, allant des grands sites généralistes aux plateformes spécialisées dans des secteurs spécifiques. Choisissez des sites pertinents pour votre domaine d'intérêt et votre expérience.

2. Création de profils et d'alertes : la création d'un profil sur ces sites peut vous permettre de télécharger votre CV, de mettre en avant vos compétences et vos préférences d'emploi, et d'être plus visible pour les recruteurs. Activez des alertes pour être informé des nouvelles offres correspondant à vos critères.

3. Recherche de postes pertinents : utilisez des filtres de recherche pour affiner les résultats en fonction de vos préférences géographiques, de salaire, de niveau

d'expérience et plus encore. Utilisez des mots-clés pertinents pour trouver des postes spécifiques à vos compétences.

4. Personnalisation de votre candidature : lorsque vous postulez à des emplois en ligne, personnalisez chaque candidature pour correspondre aux exigences du poste. Utilisez des éléments spécifiques de la description du poste pour montrer que vous avez fait vos devoirs.

5. Création de profils convaincants : si vous postulez via un profil en ligne, assurez-vous que votre CV et vos informations sont à jour et pertinents. Utilisez une photo professionnelle et rédigez un résumé accrocheur qui met en évidence vos compétences et vos objectifs.

6. Préparation pour les entretiens : si vous êtes invité à un entretien, recherchez l'entreprise et le poste en détail. Préparez des réponses à des questions courantes d'entretien et soyez prêt à expliquer comment vos compétences correspondent au poste.

7. Gestion de votre candidature : suivez vos candidatures pour vous assurer que vous ne manquez pas de dates limites. Relisez attentivement votre CV et votre lettre de motivation avant de les soumettre.

8. Élargir votre Recherche : ne vous limitez pas uniquement aux sites d'emploi en ligne. Utilisez également les réseaux sociaux professionnels, les groupes de discussion et les associations professionnelles pour trouver des opportunités.

Les sites d'emploi en ligne sont des outils inestimables pour trouver des opportunités professionnelles. En optimisant votre utilisation de ces plateformes, vous pouvez découvrir des postes adaptés à vos compétences et à vos objectifs. La personnalisation de vos candidatures, la préparation aux entretiens et la gestion de vos démarches en ligne vous mettront en bonne position pour réussir votre recherche d'emploi.

Chapitre 10

Approche directe des entreprises

Outre les sites d'emploi en ligne et les réseaux professionnels, une approche proactive consiste à entrer en contact directement avec les entreprises qui vous intéressent. Cette méthode peut vous permettre d'explorer des opportunités non annoncées et de montrer votre détermination à rejoindre une organisation spécifique. Nous allons voir comment aborder les entreprises directement de manière efficace et stratégique.

1. La valeur de l'approche directe : approcher les entreprises directement peut vous donner un avantage concurrentiel. Cela démontre votre intérêt spécifique pour l'entreprise et peut vous permettre de vous démarquer dans une mer de candidats passifs.

2. Recherche approfondie : avant de contacter une entreprise, faites des recherches approfondies. Comprenez leur culture d'entreprise, leurs produits ou services, et leurs projets récents. Identifiez également les personnes clés au sein de l'entreprise, telles que le responsable des ressources humaines ou le directeur du département qui vous intéresse.

3. Personnalisation de votre approche : lorsque vous contactez une entreprise, personnalisez votre approche.

Expliquez pourquoi vous êtes intéressé par l'entreprise et comment vous pouvez contribuer à sa réussite. Montrez que vous avez fait vos devoirs.

4. Utilisation de LinkedIn et des réseaux sociaux : LinkedIn est un excellent outil pour établir des connexions avec des professionnels au sein de l'entreprise. Envoyez des messages personnalisés pour exprimer votre intérêt et demander des informations ou des conseils.

5. Lettre de candidature spontanée : rédigez une lettre de candidature spontanée professionnelle. Mettez en avant vos compétences, votre expérience pertinente et la valeur que vous pourriez apporter à l'entreprise. Adressez la lettre à la personne appropriée et expliquez votre intérêt à collaborer avec eux.

6. Mise en réseau lors d'événements : assistez à des événements professionnels où des représentants de l'entreprise sont présents. Cela peut être des conférences, des salons ou des ateliers. C'est une occasion de rencontrer des personnes clés en personne.

7. Suivi conséquent : si vous envoyez une lettre ou un e-mail de candidature spontanée, suivez-le avec un e-mail de suivi poli après quelques semaines. Montrez que vous êtes persistant et sérieusement intéressé.

8. Garder une approche respectueuse : bien que l'approche directe soit proactive, soyez conscient de ne pas paraître trop insistant ou envahissant. Respectez les limites et les préférences de l'entreprise en matière de communication.

L'approche directe des entreprises peut être une stratégie puissante pour accéder à des opportunités cachées et montrer votre enthousiasme. En personnalisant vos messages, en faisant des recherches approfondies et en construisant des relations professionnelles, vous pouvez maximiser l'efficacité de cette méthode. Gardez à l'esprit que la persévérance et le professionnalisme sont essentiels pour réussir dans cette approche proactive.

Chapitre 11

Exploiter les réseaux sociaux pour trouver des opportunités

Les réseaux sociaux ne sont plus seulement des plateformes pour les interactions sociales, ils sont devenus des outils puissants pour la recherche d'emploi et la connexion avec des opportunités professionnelles. Nous allons voir comment utiliser les réseaux sociaux de manière stratégique pour trouver des emplois, élargir votre réseau et affiner votre image professionnelle.

1. Le rôle croissant des réseaux sociaux : les réseaux sociaux professionnels tels que LinkedIn, ainsi que d'autres plateformes comme Twitter et même Instagram, jouent un rôle de plus en plus important dans la recherche d'emploi.

2. Optimiser votre profil LinkedIn : votre profil LinkedIn est essentiel. Assurez-vous qu'il est complet, avec une photo professionnelle, un résumé captivant et une liste détaillée de vos compétences et de vos expériences. Utilisez des mots-clés pertinents pour apparaître dans les recherches des recruteurs.

3. Recherche d'opportunités : utilisez les fonctionnalités de recherche avancée sur LinkedIn pour trouver des emplois qui correspondent à vos compétences et à

vos intérêts. Suivez les entreprises qui vous intéressent pour être informé de leurs nouvelles offres.

4. Participer à des groupes et à des discussions : rejoignez des groupes liés à votre secteur sur les réseaux sociaux. Participez à des discussions pertinentes pour montrer votre expertise et établir des connexions avec des professionnels du même domaine.

5. Partage de contenu pertinent : partagez des articles, des analyses et des informations pertinentes sur votre domaine. Cela démontre votre intérêt actif et votre engagement envers votre domaine d'expertise.

6. Élargir votre réseau : connectez-vous avec des professionnels que vous avez rencontrés lors d'événements, d'ateliers ou même en ligne. N'ayez pas peur d'envoyer des messages personnalisés pour établir des relations significatives.

7. Utilisation de hashtags : sur certaines plateformes, comme Twitter et Instagram, l'utilisation de hashtags pertinents peut vous rendre plus visible pour les recruteurs et les entreprises.

8. Création de contenu personnel : si vous avez des compétences particulières ou des connaissances uniques, envisagez de créer du contenu original, comme des articles de blog ou des vidéos. Cela peut renforcer votre crédibilité et attirer l'attention des employeurs.

9. Soyez professionnel et authentique : bien que les réseaux sociaux soient plus informels que les CV et les lettres de motivation, gardez à l'esprit que vous êtes toujours en train de construire votre image professionnelle. Soyez professionnel et authentique dans toutes vos interactions.

Les réseaux sociaux sont des outils puissants pour trouver des opportunités, élargir votre réseau et renforcer votre présence en ligne. En utilisant ces plateformes de manière stratégique, vous pouvez vous connecter avec des recruteurs, des professionnels et des entreprises, tout en démontrant votre expertise et votre engagement envers votre domaine. Soyez proactif dans la gestion de votre présence en ligne et utilisez-la comme un moyen de vous démarquer dans votre recherche d'emploi.

Chapitre 12

Participer à des salons de l'emploi et des événements professionnels

Les salons de l'emploi et les événements professionnels offrent une occasion unique de rencontrer des employeurs potentiels, d'établir des connexions et d'obtenir des informations de première main sur les opportunités du marché du travail. Nous allons voir comment participer à ces événements de manière stratégique pour maximiser vos chances de trouver un emploi.

1. L'importance des événements : les salons de l'emploi, les foires professionnelles, les conférences et les ateliers sont des occasions de vous immerger dans votre secteur d'intérêt, de rencontrer des professionnels et d'obtenir des informations en temps réel.

2. Préparation avant l'événement :

a. Recherchez l'événement : identifiez les événements pertinents dans votre domaine. Recherchez les entreprises qui y participent et les sujets qui seront abordés.

b. Mise à jour de votre CV et de votre profil LinkedIn : assurez-vous que votre CV et votre profil en ligne sont à jour et reflètent vos compétences et vos objectifs actuels.

c. Préparez vos cartes de visite : ayez des cartes de visite professionnelles à distribuer aux personnes que vous rencontrerez.

3. Pendant l'événement :

a. Recherchez des employeurs cibles : identifiez les entreprises qui vous intéressent et dirigez-vous vers leurs stands. Montrez votre intérêt en posant des questions spécifiques sur leurs opportunités.

b. Établissez des connexions : ne sous-estimez pas la puissance d'une interaction en personne. Engagez des conversations avec les recruteurs et les représentants de l'entreprise.

c. Assistez aux conférences et ateliers : participez aux sessions qui vous intéressent pour en apprendre davantage sur les tendances de l'industrie et pour rencontrer d'autres professionnels.

d. Réseautage : profitez de l'occasion pour rencontrer d'autres participants. Échangez des informations de contact et restez en contact après l'événement.

4. Après l'événement

a. Suivi : si vous avez rencontré des professionnels intéressants, envoyez-leur un e-mail de suivi pour renforcer la connexion.

b. Traitement des informations : prenez le temps de trier les informations que vous avez collectées et de décider quelles entreprises et opportunités méritent un suivi plus poussé.

c. Mise à jour de votre réseau : ajoutez les nouveaux contacts que vous avez rencontrés sur LinkedIn pour maintenir la connexion.

5. Apprendre et grandir : même si vous ne trouvez pas d'emploi immédiatement, les événements professionnels sont des occasions d'apprentissage et de développement. Vous pouvez acquérir de nouvelles connais-

sances, élargir votre réseau et découvrir des opportunités futures.

Participer à des salons de l'emploi et des événements professionnels peut être une démarche enrichissante dans votre recherche d'emploi. En préparant soigneusement votre participation, en engageant des conversations significatives et en suivant les opportunités, vous pouvez augmenter vos chances de rencontrer des employeurs potentiels et d'obtenir des informations clés pour votre carrière. Restez ouvert aux opportunités que ces événements peuvent offrir, même au-delà de la recherche d'emploi immédiate.

Partie 4

Préparation aux entretiens

Chapitre 13

Techniques de préparation aux entretiens

Les entretiens d'embauche sont des étapes cruciales dans le processus de recherche d'emploi. Une préparation minutieuse peut vous aider à impressionner les employeurs potentiels, à montrer votre valeur et à maximiser vos chances de décrocher le poste. Nous allons voir des techniques de préparation aux entretiens qui vous aideront à vous sentir confiant et préparé lors de ces rencontres critiques.

1. Comprendre l'entreprise et le poste :

a. Recherchez l'entreprise : apprenez tout ce que vous pouvez sur l'entreprise, sa culture, ses produits ou services, sa mission et ses valeurs.

b. Analysez la description du poste : identifiez les compétences et les qualités requises pour le poste. Préparez des exemples de vos expériences passées qui correspondent à ces critères.

2. Préparation aux questions courantes :

a. Questions comportementales : préparez-vous à répondre à des questions sur des situations passées et la manière dont vous les avez gérées. Utilisez la méthode STAR (Situation, Tâche, Action, Résultat) pour structurer vos réponses.

b. Motivation et objectifs : soyez prêt à expliquer pourquoi vous voulez travailler pour cette entreprise et comment ce poste s'inscrit dans vos objectifs professionnels.

c. Points faibles : préparez une réponse honnête mais positive pour aborder vos points faibles et comment vous travaillez à les améliorer.

3. Pratique des réponses

a. Entraînez-vous à voix haute : répondez aux questions d'entretien à voix haute pour gagner en confiance et améliorer votre articulation.

b. Faites des enregistrements : enregistrez-vous en train de répondre aux questions pour évaluer votre langage corporel, vos expressions faciales et votre ton de voix.

4. Questions à poser : préparez des questions intelligentes à poser à la fin de l'entretien pour montrer votre intérêt et votre engagement envers le poste et l'entreprise.

5. Tenue vestimentaire et apparence : choisissez une tenue qui correspond à la culture de l'entreprise et au poste que vous visez. Veillez à être propre, soigné et professionnel.

6. Préparation logistique :

a. Lieu de l'entretien : si possible, visitez le lieu de l'entretien à l'avance pour vous familiariser avec l'emplacement et éviter les retards le jour J.

b. Documents nécessaires : apportez plusieurs exemplaires de votre CV, une liste de références, un bloc-notes et un stylo.

7. Gestion du stress :

a. Respiration profonde : si vous vous sentez nerveux, pratiquez la respiration profonde pour vous calmer.

b. Visualisation positive : visualisez-vous réussir pendant l'entretien pour renforcer votre confiance.

8. Répétition et adaptation : entraînez-vous plusieurs fois avec des amis ou des membres de votre famille. Adaptez vos réponses en fonction de leurs commentaires et améliorez-vous.

La préparation aux entretiens est essentielle pour réussir dans votre recherche d'emploi. En comprenant l'entreprise, en préparant vos réponses et en vous entraînant activement, vous pouvez aborder les entretiens avec confiance et clarté. La préparation vous permettra de vous concentrer sur vos compétences et vos réalisations, tout en laissant une impression positive auprès des recruteurs.

Chapitre 14

Gérer le stress et la nervosité avant un entretien

Le stress et la nervosité avant un entretien d'embauche sont parfaitement normaux, mais une gestion efficace de ces émotions peut vous aider à rester calme, concentré et performant pendant l'entretien. Nous allons voir des techniques et des conseils pour gérer le stress et la nervosité avant un entretien et vous préparer mentalement pour réussir.

1. Comprendre le stress pré-entretien : le stress est une réaction naturelle à une situation nouvelle ou importante. Reconnaître que le stress est normal peut contribuer à le gérer plus efficacement.

2. Préparation approfondie : la préparation est la clé pour atténuer le stress. Plus vous vous préparez, moins vous aurez de raisons de vous inquiéter. La connaissance de l'entreprise et du poste vous aidera à répondre aux questions avec confiance.

3. Pratiquer la visualisation : visualisez-vous entrant dans la salle d'entretien avec calme et confiance. Imaginez-vous répondant aux questions avec succès et établissant une bonne connexion avec les intervieweurs.

4. Respiration et techniques de relaxation : pratiquez des exercices de respiration profonde ou de relaxation

pour apaiser votre esprit. Ces techniques peuvent réduire le niveau de stress et améliorer votre concentration.

5. L'importance de la préparation physique : prenez soin de votre corps en faisant de l'exercice, en mangeant bien et en obtenant suffisamment de sommeil. Un corps sain peut mieux gérer le stress.

6. Réflexion positive : remplacez les pensées négatives par des affirmations positives. Au lieu de penser "Je vais échouer", dites-vous "Je suis préparé et capable".

7. Éviter la surcharge d'information : évitez de rechercher des informations de dernière minute sur l'entreprise ou l'industrie. Trop d'informations peuvent augmenter le stress.

8. Arriver en avance : donnez-vous suffisamment de temps pour arriver à l'entretien. L'arrivée précipitée augmente le stress.

9. La puissance de la routine : avoir une routine matinale peut vous aider à vous sentir ancré et préparé. Faites quelque chose de relaxant, comme la méditation ou la lecture, pour calmer vos nerfs.

10. Accepter l'inconnu : reconnaissez que certaines choses sont hors de votre contrôle. Concentrez-vous sur ce que vous pouvez contrôler, comme votre préparation et votre attitude.

11. Se concentrer sur les avantages : Pensez aux avantages de l'entretien, comme la possibilité de rencontrer de nouvelles personnes, d'apprendre de nouvelles choses et de progresser dans votre carrière.

La gestion du stress et de la nervosité avant un entretien est une compétence précieuse. En adoptant des techniques de préparation mentale, de relaxation et de réflexion positive, vous pouvez minimiser les effets négatifs du stress et aborder l'entretien avec confiance. N'oubliez pas que le stress est une réaction normale et que vous avez le pouvoir de le transformer en énergie positive pour réussir votre entretien.

Chapitre 15

Répondre aux questions d'entretien courantes

Les questions d'entretien courantes sont conçues pour évaluer vos compétences, vos expériences et votre adéquation pour le poste. En ayant des réponses préparées et structurées, vous pouvez aborder ces questions avec confiance et montrer votre valeur aux recruteurs. Nous allons voir en détail quelques-unes des questions d'entretien les plus fréquentes et comment y répondre de manière efficace.

1. "Parlez-moi de vous." : utilisez cette question pour donner un bref aperçu de votre parcours professionnel, en mettant l'accent sur vos compétences pertinentes et vos réalisations.

2. "Pourquoi avez-vous postulé pour ce poste ?" : reliez vos compétences et votre expérience au poste en question. Mentionnez également ce qui vous attire dans l'entreprise et comment elle correspond à vos objectifs.

3. "Quelles sont vos forces ?" : choisissez des forces qui sont pertinentes pour le poste. Donnez des exemples concrets de situations où vous avez démontré ces forces.

4. "Quels sont vos points faibles ?" : sélectionnez un point faible mineur et expliquez comment vous travaillez à l'améliorer. Mettez l'accent sur les actions que vous avez entreprises pour surmonter cette faiblesse.

5. "Pouvez-vous me donner un exemple d'une situation difficile que vous avez gérée ?" : utilisez la méthode STAR pour structurer votre réponse : décrivez la situation, la tâche que vous aviez à accomplir, les actions que vous avez prises et les résultats obtenus.

6. "Où vous voyez-vous dans cinq ans ?" : montrez que vous êtes ambitieux et que vous avez un plan de carrière. Assurez-vous que votre réponse est alignée avec les opportunités de croissance offertes par l'entreprise.

7. "Parlez-moi d'une réussite professionnelle dont vous êtes particulièrement fier." : choisissez une réussite pertinente pour le poste et détaillez les étapes que vous avez suivies pour y parvenir. Mettez en évidence les résultats positifs.

8. "Comment gérez-vous les conflits en milieu de travail ?" : expliquez comment vous restez calme et objectif lors de situations conflictuelles. Montrez comment vous cherchez à résoudre le conflit de manière constructive.

9. "Pourquoi devrions-nous vous embaucher ?" : mettez en avant vos compétences spécifiques, vos réalisations passées et la manière dont vous pouvez contribuer à l'équipe et aux objectifs de l'entreprise.

10. "Avez-vous des questions pour nous ?" : préparez des questions pertinentes sur l'entreprise, le poste, l'équipe et la culture. Cela montre votre intérêt et votre engagement.

En préparant des réponses solides à ces questions d'entretien courantes, vous pouvez aborder les entretiens avec confiance et assurance. Utilisez des exemples concrets pour illustrer vos compétences et votre expérience, et assurez-vous de personnaliser vos réponses en fonction du poste et de l'entreprise. Une préparation minutieuse vous aidera à vous démarquer et à convaincre les recruteurs que vous êtes le candidat idéal pour le poste.

Chapitre 16

Poser des questions pertinentes lors de l'entretien

La phase des questions de l'entretien d'embauche est une opportunité cruciale pour en apprendre davantage sur l'entreprise, le poste et l'équipe, tout en montrant votre intérêt et votre préparation. Poser des questions pertinentes peut vous aider à prendre une décision éclairée sur l'adéquation de l'entreprise pour vous. Nous allons voir comment poser des questions efficaces.

1. L'importance des questions : poser des questions montre votre curiosité, votre intérêt et votre engagement envers le poste et l'entreprise. C'est aussi une opportunité de démontrer vos compétences en recherche et en analyse.

2. Questions sur l'entreprise :

a. "Pouvez-vous me parler davantage de la culture d'entreprise ?". Cette question montre que vous êtes intéressé par l'environnement de travail et que vous souhaitez vous assurer de votre adéquation culturelle.

b. "Quelles sont les valeurs fondamentales de l'entreprise ?". Cette question vous permet de comprendre les principes qui guident l'entreprise et comment ils se reflètent dans ses opérations.

c. "Quels sont les objectifs de croissance de l'entreprise pour les prochaines années ?". Cette question vous donne un aperçu de la vision à long terme de l'entreprise et de ses perspectives de développement.

3. Questions sur le poste :

a. "Quelles sont les principales responsabilités de ce poste ?". Vous obtenez ainsi une compréhension plus détaillée de ce que l'on attend de vous au quotidien.

b. "Comment mesure-t-on la réussite dans ce rôle ?". Cette question clarifie les attentes et les critères de performance pour le poste.

c."Y a-t-il des projets spécifiques sur lesquels le titulaire de ce poste travaillera dans les premiers mois ?". Cela vous donne un aperçu des priorités et des projets immédiats.

4. Questions sur l'équipe et la dynamique :

a. "Comment l'équipe collabore-t-elle et communique-t-elle ?" Cette question vous permet de comprendre la dynamique de travail en équipe.

b. "Pouvez-vous me parler des membres de l'équipe avec lesquels je travaillerais étroitement ?". Cela vous aide à connaître vos futurs collègues et à évaluer votre adéquation avec eux.

5. Questions sur le développement professionnel :

a."Quelles opportunités de formation et de développement professionnel sont disponibles pour les employés ?". Cette question montre que vous cherchez à progresser dans votre carrière.

b. "Y a-t-il des possibilités d'avancement au sein de l'entreprise ?". Vous évaluez ainsi les opportunités de croissance à long terme.

6. Questions sur le processus de recrutement :

a. "Quelles sont les étapes suivantes du processus de recrutement ?". Cette question témoigne de votre intérêt à avancer dans le processus.

b. "Quel est le délai estimé pour prendre une décision ?". Vous obtenez ainsi une idée du calendrier du processus.

Poser des questions pertinentes à l'intervieweur est une occasion de montrer votre engagement, de recueillir des informations essentielles et de vous assurer que l'entreprise et le poste correspondent à vos objectifs. Préparez des questions en avance, adaptez-les en fonction de la discussion et montrez que vous avez fait vos devoirs sur l'entreprise. Les questions réfléchies que vous posez peuvent avoir un impact positif sur la perception que les recruteurs ont de vous en tant que candidat sérieux et bien informé.

Partie 5

Techniques de communication et de négociation

Chapitre 17

Améliorer vos compétences en communication

Les compétences en communication sont essentielles à chaque étape de la recherche d'emploi, depuis la rédaction de votre CV jusqu'à la négociation d'une offre. Une communication claire, efficace et professionnelle peut vous aider à vous démarquer, à établir des relations solides et à maximiser vos opportunités. Nous allons voir comment améliorer vos compétences en communication pour réussir dans votre quête d'emploi.

1. Communication écrite :

a. CV et lettre de motivation : rédigez des documents clairs, concis et pertinents. Utilisez des mots-clés et des exemples concrets pour démontrer vos compétences et votre expérience.

b. E-mails professionnels : soyez professionnel et précis dans vos e-mails. Utilisez une structure claire et évitez les erreurs de grammaire et d'orthographe.

2. Communication verbale :

a. Préparation aux entretiens : entraînez-vous à exprimer clairement vos réponses. Évitez les discours longs et concentrez-vous sur les points clés.

b. Langage corporel : faites attention à votre langage corporel pendant les entretiens. Le contact visuel, la posture et les gestes peuvent renforcer votre présence.

3. Écoute active :

a. Entretiens : soyez un auditeur attentif lors des entretiens. Écoutez les questions et répondez de manière pertinente.

b. Réseautage : lors des événements de réseautage, écoutez attentivement ce que les autres disent. Cela vous permettra de répondre de manière plus appropriée.

4. Réseautage et interaction sociale :

a. Initiation des conversations : apprenez à initier des conversations de manière naturelle. Posez des questions ouvertes pour encourager les discussions.

b. Écouter les autres : lors des conversations, concentrez-vous sur ce que disent les autres au lieu de penser à votre prochaine réponse.

5. Adaptabilité :

a. S'adapter au public : adaptez votre communication en fonction de votre public. Utilisez un langage adapté et des exemples pertinents.

b. Flexibilité dans les réponses : soyez prêt à ajuster vos réponses en fonction des besoins de l'interlocuteur.

6. Feedback et amélioration :

a. Acceptation du feedback : soyez ouvert aux commentaires constructifs sur votre communication. Cela peut vous aider à identifier les domaines à améliorer.

b. Auto-évaluation : prenez l'habitude de réfléchir sur vos interactions passées. Identifiez ce qui a bien fonctionné et ce qui aurait pu être mieux.

7. Pratique :

a. Jeu de rôles : entraînez-vous avec un ami ou un membre de la famille pour simuler des entretiens ou des conversations professionnelles.

b. Enregistrements vidéo : enregistrez-vous en train de répondre à des questions d'entretien ou de présenter votre discours d'ascenseur. Analysez ensuite les enregistrements pour identifier les domaines à améliorer. Les compétences en communication sont un atout précieux dans la recherche d'emploi. En investissant du temps et des efforts pour améliorer vos compétences en communication écrite, verbale et interpersonnelle, vous pouvez non seulement impressionner les employeurs, mais aussi établir des relations professionnelles solides et créer des opportunités à long terme. La communication efficace est une compétence transférable qui peut vous servir dans tous les aspects de votre carrière.

Chapitre 18

Négociation du salaire et des avantages

La négociation du salaire et des avantages est une étape cruciale dans le processus de recherche d'emploi. C'est l'occasion de démontrer votre valeur et de sécuriser un package qui reflète vos compétences et votre expérience. Nous allons voir les meilleures pratiques pour négocier avec confiance et obtenir le meilleur accord possible.

1. Préparation en amont :

a. Recherche du marché : renseignez-vous sur les salaires moyens pour des postes similaires dans votre industrie et votre région. Cela vous donne une base réaliste pour vos demandes.

b. Évaluation de votre propre valeur : identifiez vos compétences uniques, vos réalisations et comment elles se comparent aux exigences du poste.

c. Liste des avantages désirés : établissez une liste des avantages que vous considérez comme importants, tels que le salaire, les primes, les avantages sociaux, le télétravail, etc.

2. Timing de la négociation :

a. Attendez une offre formelle : évitez d'aborder la négociation avant de recevoir une offre officielle. Cela montre que vous êtes sérieux et intéressé.

b. Prenez du recul : si vous recevez une offre, prenez le temps de l'examiner et de réfléchir à vos contre-offres avant de répondre.

3. Préparation des discussions

a. Mettez en évidence votre valeur : lors de la négociation, pourquoi vous êtes un atout pour l'entreprise et comment vos compétences contribueront à sa réussite.

b. Évitez les chiffres précis au début : si possible, laissez l'employeur faire la première offre salariale. Cela vous permet de mieux calibrer vos contre-offres.

4. L'art de la négociation :

a. Soyez confiant : adoptez une posture confiante et professionnelle pendant les discussions. Montrez que vous croyez en la valeur que vous apportez.

b. Soyez prêt à un compromis : la négociation est un processus de collaboration. Soyez ouvert à des compromis et des solutions gagnant-gagnant.

c. Utilisez des faits : appuyez vos demandes avec des preuves tangibles de vos réalisations passées, de votre expérience et des données du marché.

5. Considérez l'ensemble :

a. Pensez aux avantages globaux : Négociez au-delà du salaire. Considérez les avantages tels que les avantages sociaux, le télétravail, la flexibilité d'horaire, etc.

b. Équilibrez vos priorités : si l'entreprise est disposée à être flexible sur certaines demandes, cela peut compenser une offre salariale moins élevée.

6. Acceptation ou déclinaison de l'offre :

a. Évaluez toutes les options : qi l'offre répond à vos attentes, acceptez-la. Si ce n'est pas le cas, envisagez de décliner poliment et professionnellement.

b. Maintenez la relation : même si vous déclinez l'offre, remerciez l'entreprise pour l'opportunité et restez ouvert à de futures collaborations.

La négociation du salaire et des avantages est une compétence cruciale pour maximiser votre rémunération et obtenir un package de travail satisfaisant. En préparant soigneusement vos arguments, en montrant de la confiance et en gardant une attitude collaborative, vous pouvez parvenir à un accord qui récompense vos compétences et votre expérience. N'oubliez pas que la négociation est une étape normale du processus de recrutement et que les entreprises apprécient souvent les candidats qui défendent leur valeur avec professionnalisme.

Chapitre 19

Suivi après l'entretien et relance

La phase de suivi après l'entretien est souvent négligée, mais elle peut avoir un impact significatif sur l'issue de votre recherche d'emploi. Le suivi et la relance témoignent de votre intérêt et de votre professionnalisme, tout en maintenant votre candidature à l'esprit des recruteurs. Nous allons voir l'importance du suivi et de la relance, ainsi que les meilleures pratiques à suivre.

1. L'importance du suivi : le suivi après l'entretien vous permet de rester présent dans l'esprit des recruteurs et de montrer que vous êtes sérieusement intéressé par le poste. Cela peut également vous donner l'occasion de clarifier des points ou de fournir des informations supplémentaires.

2. Les meilleures pratiques à suivre :

a. Envoyer un e-mail de remerciement : immédiatement après l'entretien envoyez un e-mail de remerciement. Exprimez votre gratitude et mentionnez quelques points clés discutés pendant l'entretien. Exprimez à nouveau votre intérêt pour le poste et l'entreprise. Si vous avez omis de fournir des informations ou si vous avez des questions en suspens, profitez de l'e-mail pour les aborder. De même si vous avez pensé à des exemples ou des réalisations pertinentes depuis l'entretien, partagez-les dans l'e-mail. Utilisez l'e-mail pour mettre en évidence les compétences ou les expériences qui vous rendent adapté au poste.

b. Suivi continu : planifiez un Suivi : si on vous a indiqué une date à laquelle vous devriez attendre des nouvelles, prévoyez de suivre après cette date si vous n'en avez pas reçu.

c. Relance téléphonique : si le suivi par e-mail n'a pas donné de réponse après un certain temps, envisagez un appel pour montrer votre intérêt.

d. Maintenir votre professionnalisme : que vous receviez une réponse positive ou négative, maintenez un ton professionnel et positif.

Le suivi après l'entretien et la relance sont des étapes cruciales pour rester actif dans le processus de recherche d'emploi. En envoyant un e-mail de remerciement personnalisé, vous montrez votre engagement et votre attention aux détails. Si vous suivez avec soin et professionnellement, vous montrez que vous êtes un candidat sérieux et bien informé. Même si l'issue n'est pas toujours favorable, le suivi peut créer des opportunités futures et renforcer votre réseau professionnel. Avec le suivi et la relance, vous démontrez un niveau élevé de professionnalisme et de persévérance, des qualités appréciées par les employeurs potentiels.

Partie 6

Transition de carrière et reconversion

Chapitre 20

Changer de domaine d'activité

Changer de domaine d'activité peut être une décision majeure dans votre carrière, mais cela peut également être une source d'opportunités stimulantes et de croissance personnelle. Nous allons voir les considérations importantes et les étapes à suivre pour réussir une transition réussie vers un nouveau domaine d'activité.

1. Évaluer votre motivation :

a. Identifiez vos raisons : déterminez pourquoi vous envisagez de changer de domaine d'activité. Est-ce dû à un manque d'épanouissement, un intérêt renouvelé ou des opportunités limitées ?

b. Réfléchissez à long terme : assurez-vous que le changement est aligné sur vos objectifs de carrière à long terme.

2. Recherche approfondie :

a. Connaissances du nouveau domaine : apprenez autant que possible sur le nouveau domaine d'activité. Comprenez les tendances, les exigences et les opportunités.

b. Réseautage ciblé : établissez des liens avec des professionnels dans le nouveau domaine pour obtenir des informations précieuses et des conseils.

3. Mise en valeur de compétences transférables :

a. Identifiez vos compétences transférables : identifiez les compétences que vous avez développées dans votre domaine actuel et qui pourraient être pertinentes dans le nouveau domaine.

b. Mettez en évidence les réalisations : utilisez des exemples concrets de réalisations passées pour démontrer comment vos compétences sont transférables.

4. Formation et développement :

a. Formation supplémentaire : si nécessaire, suivez des formations pour acquérir les compétences spécifiques au nouveau domaine.

b. Projets personnels : travailler sur des projets personnels pertinents peut vous aider à développer de nouvelles compétences et à montrer votre engagement.

5. Rédaction du CV et de la lettre de motivation :

a. Adaptez votre CV : mettez en avant vos compétences transférables et ajustez votre expérience pour qu'elle soit pertinente pour le nouveau domaine.

b. Expliquez votre motivation : dans la lettre de motivation, expliquez clairement pourquoi vous souhaitez changer de domaine et comment vos compétences peuvent être appliquées.

6. Réseautage ciblé :

a. Réseau professionnel : mettez à profit votre réseau existant pour obtenir des conseils et des contacts dans le nouveau domaine.

b. Participation à des événements : assistez à des conférences, des ateliers et des événements liés au nouveau domaine pour rencontrer des professionnels et en apprendre davantage.

7. Volontariat et stages :

a. Opportunités de bénévolat : si possible, participez à des projets de bénévolat liés au nouveau domaine pour acquérir de l'expérience.

b. Stages : les stages peuvent vous donner un aperçu pratique du nouveau domaine et vous aider à établir des contacts.

8. Flexibilité et patience :

a. Soyez prêt à commencer à un niveau inférieur : vous pourriez devoir commencer à un niveau inférieur dans le nouveau domaine pour acquérir de l'expérience.

b. Soyez patient : le changement de domaine peut prendre du temps. Restez déterminé et persévérez malgré les défis.

Changer de domaine d'activité peut être une étape audacieuse, mais avec la préparation adéquate, la recherche approfondie et la persévérance, c'est une transition qui peut ouvrir de nouvelles perspectives et opportunités. En capitalisant sur vos compétences transférables, en acquérant de nouvelles compétences, en réseautant et en adoptant une attitude ouverte, vous pouvez réaliser avec succès cette transition et poursuivre une carrière épanouissante dans un domaine qui vous passionne réellement.

Chapitre 21

Mettre en avant des compétences transférables

Les compétences transférables sont des compétences que vous avez développées dans un contexte professionnel ou personnel et qui peuvent être appliquées dans différentes situations. Mettre en avant ces compétences peut être crucial lorsque vous changez de carrière, cherchez un nouvel emploi ou explorez de nouveaux domaines. Nous allons voir comment identifier et mettre en avant vos compétences transférables pour maximiser vos opportunités professionnelles.

1. Identifier vos compétences transférables :

a. Analysez vos expériences : réfléchissez à vos expériences passées, que ce soit dans des emplois, des projets personnels, des bénévolats, etc. Identifiez les compétences que vous avez utilisées.

b. Listez les compétences clés : faites une liste des compétences que vous avez développées, comme la communication, la gestion du temps, la résolution de problèmes, etc.

2. Adapter vos compétences au contexte :

a. Corrélation avec le nouveau domaine : analysez comment vos compétences transférables peuvent être appliquées dans le contexte de votre nouveau domaine.

b. Utilisation de termes pertinents : utilisez des termes spécifiques au nouveau domaine pour décrire vos compétences et les relier aux exigences de ce domaine.

3. Exemples de compétences transférables :

a. Communication : la capacité de communiquer clairement et efficacement est précieuse dans tous les domaines. Montrez comment vous avez communiqué avec des collègues, clients ou partenaires dans le passé.

b. Résolution de problèmes : décrivez comment vous avez abordé et résolu des problèmes complexes dans vos emplois précédents.

c. Leadership : mettez en avant des exemples où vous avez pris des initiatives, dirigé des projets ou supervisé des équipes.

d. Adaptabilité : expliquez comment vous avez réussi à vous adapter à des changements, des environnements nouveaux ou des défis imprévus.

e. Organisation : mettez en avant votre capacité à gérer des tâches multiples, à établir des priorités et à respecter les délais.

4. Utilisation d'exemples concrets, méthode STAR : lorsque vous décrivez vos compétences transférables, utilisez la méthode STAR (Situation, Tâche, Action, Résultat) pour fournir des exemples concrets.

5. Personnalisation en fonction du poste :

a. Analysez les exigences : identifiez les compétences spécifiques requises pour le poste que vous visez et reliez-les à vos compétences transférables.

b. Personnalisation de votre candidature : personnalisez votre CV, votre lettre de motivation et vos réponses aux questions d'entretien en mettant en avant les compétences pertinentes pour le poste.

6. Formation complémentaire : si vous constatez des lacunes dans certaines compétences nécessaires, envisagez de suivre des formations pour les renforcer.

Mettre en avant vos compétences transférables est une stratégie efficace pour vous démarquer dans une carrière en évolution, un changement de domaine ou un nouveau poste. En identifiant ces compétences, en les adaptant au contexte du nouveau domaine et en les illustrant par des exemples concrets, vous montrez aux employeurs que vous possédez les qualités essentielles pour réussir. Les compétences transférables peuvent jouer un rôle clé dans votre succès professionnel en vous permettant de naviguer avec confiance à travers diverses opportunités et défis.

Chapitre 22

Gérer les écarts dans le CV et les transitions

Les écarts dans le CV et les transitions de carrière sont des éléments courants dans la vie professionnelle de chacun. Ils peuvent être le résultat d'une variété de circonstances, mais ce qui importe le plus, c'est comment vous les gérez et les présentez aux employeurs potentiels. Nous allons voir les meilleures pratiques pour gérer les écarts dans le CV et réussir les transitions de carrière.

1. Comprendre les écarts dans le CV :

a. Identifiez la cause : analysez la raison de l'écart dans votre CV, qu'il s'agisse d'une pause pour la formation, le bénévolat, des raisons personnelles ou autres.

b. Recherchez les opportunités d'apprentissage : si vous avez utilisé l'écart pour apprendre de nouvelles compétences ou poursuivre des intérêts personnels, mettez cela en avant.

2. Transparence et Honnêteté :

a. Soyez transparent : lorsque vous abordez les écarts lors d'un entretien, soyez honnête sur les raisons tout en restant professionnel.

b. mettez l'accent sur l'apprentissage : si l'écart était une période d'apprentissage ou de développement personnel, expliquez comment cela vous a enrichi.

3. Présentation des transitions de carrière :

a. Expliquez vos motivations : dans votre lettre de motivation ou pendant un entretien, expliquez clairement pourquoi vous souhaitez effectuer cette transition.

b. Reliez les points : reliez vos compétences transférables à la nouvelle carrière pour montrer comment elles sont pertinentes.

4. Mettez l'accent sur les compétences transférables : mettez en avant les compétences : mettez l'accent sur les compétences transférables que vous avez développées dans vos emplois précédents et comment elles se rapportent à la nouvelle carrière.

5. Volontariat et formation continue : acquérir de l'expérience : si possible, participez à des projets de bénévolat ou à des formations pour acquérir de l'expérience dans le nouveau domaine.

6. Utilisation de l'entretien pour expliquer les écarts : anticipez les questions sur les écarts dans votre CV et préparez des réponses positives et concises.

7. Affirmez votre décision : soyez confiant dans votre décision de transition de carrière. Expliquez pourquoi vous croyez que cela correspond à vos aspirations.

Les écarts dans le CV et les transitions de carrière ne doivent pas être des obstacles insurmontables. En faisant preuve de transparence, d'honnêteté et en mettant en avant vos compétences transférables et votre désir d'apprentissage, vous pouvez gérer ces situations de manière professionnelle et convaincante. Les employeurs apprécient souvent les candidats capables de s'adapter, d'apprendre rapidement et de faire preuve de résilience face aux défis. En présentant votre parcours avec confiance et en mettant en avant vos atouts, vous pouvez démontrer votre capacité à réussir dans de nouvelles opportunités malgré les défis passés.

Partie 7

Maintien de la motivation et de la positivité

Chapitre 23

Gestion du Rejet et des Échecs

Le rejet et les échecs font partie intégrante du processus de recherche d'emploi. Bien qu'ils puissent être décourageants, ils offrent également des opportunités d'apprentissage et de croissance. Nous allons voir comment gérer le rejet et les échecs de manière constructive, en tirant des leçons et en continuant à progresser vers vos objectifs professionnels.

1. Comprendre le rejet :

a. Ne le prenez pas personnellement : rappelez-vous que le rejet ne reflète pas nécessairement votre valeur personnelle. Il peut y avoir de nombreuses raisons pour lesquelles une candidature n'est pas retenue.

b. Faites preuve de résilience : la résilience est la clé pour surmonter le rejet. Acceptez vos émotions, mais ne les laissez pas vous décourager.

2. Apprendre des échecs :

a. Analysez les raisons : examinez les raisons pour lesquelles vous n'avez pas réussi dans une opportunité donnée. Identifiez les domaines à améliorer.

b. Tirez des leçons : chaque échec peut être une occasion d'apprendre. Identifiez ce qui a fonctionné et ce qui aurait pu être mieux.

3. Maintenir une attitude positive :

a. Changez votre perspective : considérez les échecs comme des étapes vers le succès. Chaque non peut vous rapprocher d'un oui.

b. Visualisez votre succès : visualiser vos futurs succès peut aider à maintenir une attitude positive et à renforcer votre confiance.

4. Réévaluez vos stratégies : réfléchissez aux stratégies que vous avez utilisées et considérez comment les ajuster pour obtenir de meilleurs résultats.

5. Demandez des feedbacks : si possible, demandez des feedbacks constructifs aux recruteurs ou aux personnes impliquées dans le processus de sélection.

6. Réseautage pour rebondir : utilisez votre réseau pour obtenir des conseils, des perspectives et éventuellement de nouvelles opportunités.

7. Restez Persévérant : ne laissez pas un échec vous décourager de continuer à postuler à d'autres opportunités.

8. Acceptation et lâcher prise

a. Acceptez les résultats : parfois, malgré tous les efforts, le succès n'est pas garanti. Acceptez que certaines opportunités ne se concrétisent pas.

b. Lâcher prise émotionnel : lâchez prise émotionnellement des échecs passés pour vous concentrer sur les nouvelles opportunités.

9. Transformation des échecs en succès : persévérez avec détermination : transformez les échecs en moteur de motivation pour continuer à travailler dur et à vous améliorer.

La gestion du rejet et des échecs est une compétence essentielle dans votre parcours professionnel. En adoptant une attitude positive, en tirant des leçons des échecs et en continuant à persévérer avec détermination, vous pouvez transformer les moments difficiles en opportunités d'apprentissage et de croissance. Le succès n'est souvent qu'une série de tentatives, d'apprentissages et d'améliorations. En intégrant cette perspective dans votre approche, vous pouvez construire une carrière solide et résiliente qui surmonte les obstacles et atteint les objectifs.

Chapitre 24

Techniques pour rester motivé tout au long de la recherche

La recherche d'emploi peut être exigeante sur le plan émotionnel et peut parfois provoquer une perte de motivation. Cependant, il est essentiel de maintenir une attitude positive et proactive tout au long du processus. Nous allons voir des techniques efficaces pour rester motivé et persévérer malgré les défis.

1. Définir vos objectifs clés :

a. Objectifs réalistes : fixez-vous des objectifs réalisables à court et à long terme. Cela vous donnera un sentiment d'accomplissement à chaque étape.

b. Visualisation des objectifs : visualisez-vous réussissant dans votre carrière idéale. Cette visualisation peut maintenir votre motivation.

2. Établir une routine structurée :

a. Horaire défini : créez une routine quotidienne qui comprend du temps pour la recherche d'emploi, le réseautage et le développement personnel.

b. Gardez un équilibre : évitez de vous surmener en consacrant également du temps à vos loisirs, votre bien-être et vos relations.

3. Célébrer les petites victoires : célébrez chaque étape réussie, même les petites. Cela peut renforcer votre confiance et votre motivation.

4. Pratiquer l'auto-soins :

a. Prendre soin de soi : accordez-vous du temps pour des activités relaxantes, de l'exercice physique et une alimentation saine.

b. Gestion du stress : pratiquez des techniques de gestion du stress comme la méditation, le yoga ou la respiration profonde.

5. Élargir vos horizons :

a. Explorer de nouvelles opportunités : cherchez des opportunités qui peuvent élargir vos compétences et votre réseau.

b. Diversifiez votre approche : ne vous limitez pas à une seule stratégie de recherche. Explorez différentes méthodes pour maximiser les chances.

6. Maintenir le réseautage : restez en contact avec vos contacts professionnels et recherchez de nouvelles opportunités de réseautage.

7. Apprentissage continu : investissez dans votre développement professionnel en suivant des cours en ligne ou en lisant des livres pertinents.

8. Trouver de l'Inspiration : recherchez des personnes qui ont réussi dans votre domaine d'intérêt et trouvez de l'inspiration dans leurs histoires.

9. Éviter l'isolation : maintenez des interactions sociales pour éviter de vous sentir isolé. Partagez vos défis et célébrez vos succès avec d'autres.

10. Se rappeler votre objectif : gardez en tête votre objectif ultime de décrocher le poste idéal et utilisez cela comme motivation pour rester concentré.

La recherche d'emploi peut être difficile, mais en utilisant ces techniques pour rester motivé, vous pouvez maintenir une attitude positive et persévérer avec succès. En définissant des objectifs clairs, en maintenant une routine structurée, en prenant soin de vous et en restant ouvert aux opportunités, vous pouvez surmonter les défis et continuer à progresser vers vos aspirations professionnelles. La motivation intérieure est la clé qui vous permettra de traverser les hauts et les bas de la recherche d'emploi tout en développant vos compétences et votre carrière.

Chapitre 25

Cultiver une attitude positive

Une attitude positive est un atout puissant dans votre recherche d'emploi. Elle vous permet de faire face aux défis avec résilience, d'attirer des opportunités et de maintenir votre motivation. Nous allons voir les moyens de cultiver une attitude positive qui vous aidera à naviguer avec succès dans le monde professionnel en constante évolution.

1. Pratiquer la gratitude :

a. Focalisation sur le positif : chaque jour, prenez un moment pour réfléchir aux aspects positifs de votre vie, qu'ils soient professionnels ou personnels.

b. Journal de gratitude : tenez un journal où vous notez les choses pour lesquelles vous êtes reconnaissant. Cela peut renforcer votre perspective positive.

2. Visualisation positive : prenez le temps chaque jour pour visualiser vos objectifs professionnels atteints. Imaginez-vous dans le poste idéal.

3. Affirmations Positives : créez des affirmations positives liées à votre recherche d'emploi et répétez-les régulièrement pour renforcer votre confiance.

4. Entourez-vous de positivité :

a. Fréquentez des personnes positives : entourez-vous de personnes qui ont une attitude positive et encourageante envers vos objectifs.

b. Éliminez la négativité : évitez les conversations et les environnements qui suscitent des pensées négatives ou décourageantes.

5. Remplacez les pensées négatives : lorsque vous remarquez des pensées négatives, remplacez-les par des pensées positives et constructives.

6. Apprenez de l'échec : considérez les échecs comme des occasions d'apprentissage et de croissance plutôt que comme des déceptions.

7. Pratique de la méditation et de la pleine conscience : la méditation et la pleine conscience peuvent aider à calmer l'esprit, à réduire le stress et à favoriser une attitude positive.

8. Restez flexible : cultivez une attitude de flexibilité et d'adaptabilité pour faire face aux rebondissements de la recherche d'emploi.

9. Reconnaissance des victoires : célébrez chaque étape réussie, quelle que soit sa taille, pour renforcer votre motivation et votre positivité.

10. Gardez un sens de l'humour : l'humour peut apporter une perspective légère dans des situations stressantes et renforcer votre attitude positive.

11. Auto-compassion : soyez gentil avec vous-même en reconnaissant que vous faites de votre mieux et que les résultats prennent du temps.

Cultiver une attitude positive est une compétence précieuse qui peut vous aider à affronter les hauts et les bas de la recherche d'emploi avec résilience et confiance. En pratiquant la gratitude, en visualisant le succès, en utilisant des affirmations positives et en entourant vous-même de positivité, vous créez un envi-

ronnement mental propice à la croissance professionnelle. Rappelez-vous que l'attitude que vous adoptez a
un impact direct sur votre parcours professionnel. En
choisissant de rester positif et de maintenir une perspective optimiste, vous pouvez ouvrir des portes, surmonter les défis et créer une carrière épanouissante.

Partie 8

Nouvelles tendances dans la recherche d'emploi

Chapitre 26

Le rôle des technologies émergentes (IA, Automatisation)

Le monde du travail est en constante évolution grâce aux technologies émergentes telles que l'intelligence artificielle (IA) et l'automatisation. Ces avancées transforment la manière dont les entreprises opèrent et impactent la recherche d'emploi. Nous allons voir comment ces technologies influencent le marché du travail et comment vous pouvez vous adapter pour réussir dans ce paysage en mutation.

1. L'impact de l'IA et de l'automatisation :

a. Automatisation des tâches répétitives : l'IA et l'automatisation sont utilisées pour gérer les tâches répétitives et routinières, ce qui libère du temps pour des tâches plus complexes et créatives.

b. Optimisation des processus : les entreprises utilisent ces technologies pour optimiser les processus de travail, améliorant ainsi l'efficacité et la productivité.

2. Évolution des compétences demandées :

a. Compétences numériques : les compétences numériques deviennent essentielles, que ce soit pour utiliser des logiciels complexes, analyser des données ou comprendre les bases de l'IA.

b. Compétences humaines : les compétences interpersonnelles telles que la communication, la résolution de problèmes et la pensée critique restent précieuses, car elles ne sont pas facilement automatisées.

3. Adaptation et apprentissage continu :

a. Formation en cours de carrière : la formation continue est essentielle pour s'adapter aux nouvelles technologies et compétences demandées.

b. Flexibilité : soyez prêt à apprendre de nouvelles compétences et à vous adapter rapidement aux changements.

4. Utilisation de l'IA dans la recherche d'emploi :

a. Optimisation des CV : les systèmes d'IA peuvent analyser les CV et les lettres de motivation pour les adapter aux offres d'emploi.

b. Recommandations d'emploi : Les plateformes utilisent l'IA pour recommander des offres d'emploi pertinentes en fonction de votre profil.

5. Positionnement stratégique :

a. Mettre en avant vos compétences humaines : mettez en avant vos compétences en communication, résolution de problèmes et collaboration.

b. Développement de compétences numériques : acquérez des compétences en analyse de données, en automatisation et en utilisation d'outils technologiques.

6. S'adapter au télétravail et à la flexibilité : de plus en plus d'emplois offrent des options de télétravail. Soyez prêt à travailler de manière autonome et à gérer votre temps efficacement.

7. Veille technologique : restez informé des tendances technologiques et des nouvelles compétences demandées dans votre domaine.

Les technologies émergentes, telles que l'IA et l'automatisation, transforment la manière dont nous travaillons et recherchons un emploi. Pour réussir dans ce paysage en mutation, il est essentiel de développer des compétences numériques, de rester flexible et de s'engager dans l'apprentissage continu. En comprenant l'impact de ces technologies sur le marché du travail et en adaptant votre approche en conséquence, vous pouvez saisir les opportunités qu'elles offrent et créer une carrière résiliente et en constante évolution.

Chapitre 27

Freelance et travail indépendant

Le monde du travail évolue rapidement, et de plus en plus de professionnels optent pour le freelance et le travail indépendant. Cette approche offre flexibilité, autonomie et opportunité de travailler sur divers projets. Nous allons voir les avantages, les défis et les stratégies pour réussir en tant que freelance ou travailleur indépendant.

1. Les avantages du freelance :

a. Flexibilité : vous avez le contrôle sur votre emploi du temps et pouvez choisir les projets qui vous intéressent.

b. Diversité des projets : travailler sur divers projets vous permet d'acquérir une variété de compétences et d'expériences.

c. Autonomie : en tant que freelance, vous prenez vos propres décisions et gérez votre carrière.

2. Les Défis du Freelance :

a. Instabilité financière : les revenus peuvent être irréguliers, ce qui nécessite une gestion financière prudente.

b. Recherche de clients : trouver des clients et des projets peut être un défi, surtout au début.

c. Auto-marketing : vous devez promouvoir vos compétences et services pour attirer de nouveaux clients.

3. Stratégies pour réussir en freelance :

a. Construire un portefeuille : créez un portfolio en ligne qui met en avant vos compétences et vos projets antérieurs.

b. Réseautage : cultivez votre réseau professionnel pour obtenir des recommandations et des opportunités de travail.

c. Fixer des tarifs justes : recherchez les tarifs pratiqués dans votre domaine et fixez vos tarifs en conséquence.

d. Planification financière : créez un budget pour gérer les revenus irréguliers et économiser pour les périodes plus calmes.

4. Trouver des Clients :

a. Plateformes Freelance : utilisez des plateformes en ligne telles que Upwork, Freelancer ou Fiverr pour trouver des projets.

b. Réseautage en ligne : utilisez les réseaux sociaux et les groupes professionnels en ligne pour vous connecter avec des clients potentiels.

c. Références et bouche-à-Oreille : offrez un excellent service à vos clients pour obtenir des recommandations et des clients récurrents.

5. Gestion du temps et de la charge de travail :

a. Planification : créez un calendrier pour gérer vos projets et allouer du temps à la recherche de nouveaux clients.

b. Équilibre vie professionnelle et vie personnelle : définissez des limites claires entre le travail et le temps personnel pour éviter le burnout.

6. Autodiscipline et motivation :
a. Structuration : créez une routine quotidienne qui vous motive à travailler de manière productive.
b. Objectifs clairs : définissez des objectifs spécifiques pour chaque projet afin de maintenir votre motivation.
7. Se former en continu : restez à jour avec les dernières tendances et compétences dans votre domaine pour rester compétitif.

Le freelance et le travail indépendant offrent des opportunités passionnantes pour créer une carrière flexible et autonome. En comprenant les avantages, les défis et les stratégies pour réussir en tant que freelance, vous pouvez maximiser vos opportunités et naviguer avec succès dans ce domaine en évolution. En développant vos compétences, en construisant un réseau solide et en adoptant des pratiques de gestion efficaces, vous pouvez créer une carrière indépendante épanouissante et gratifiante.

Chapitre 28

Impact des changements économiques mondiaux

Les changements économiques mondiaux jouent un rôle majeur dans le marché du travail et la recherche d'emploi. Les fluctuations économiques, les tendances commerciales et les événements mondiaux peuvent tous influencer les opportunités professionnelles. Nous allons voir comment les changements économiques mondiaux peuvent impacter votre recherche d'emploi et comment vous pouvez vous adapter pour réussir dans un environnement en constante évolution.

1. Fluctuations économiques et emploi :

a. Récessions et croissances : les récessions économiques peuvent entraîner une réduction des offres d'emploi, tandis que les périodes de croissance économique peuvent créer de nouvelles opportunités.

b. Secteurs affectés : certains secteurs sont plus vulnérables aux fluctuations économiques que d'autres. Il est important de connaître les tendances de votre secteur.

2. Tendances industrielles et technologiques :

a. Émergence de nouvelles industries : les avancées technologiques peuvent créer de nouveaux secteurs d'activité et de nouvelles opportunités professionnelles.

b. Automatisation : l'automatisation peut modifier la demande de certaines compétences et nécessiter une mise à jour constante de vos compétences.

3. Mondialisation et opportunités internationales :

a. Expérience internationale : les entreprises recherchent de plus en plus des candidats avec une expérience internationale et une compréhension des marchés mondiaux.

b. Mobilité géographique : être ouvert à la mobilité géographique peut élargir vos perspectives d'emploi.

4. Crise et résilience économiques :

a. Adaptation à la crise : en période de crise économique, il est important d'être flexible et de trouver des moyens de vous adapter.

b. Investir dans votre développement : investissez dans des formations pour acquérir des compétences demandées même pendant les périodes difficiles.

5. Préparation et anticipation :

a. Veille économique : restez informé des tendances économiques mondiales et de leur impact sur votre domaine.

b. Diversification des compétences : ayez un éventail de compétences pour être polyvalent et adaptable.

6. Réseautage et opportunités : entretenez des relations avec des professionnels dans différents secteurs pour être au courant des opportunités.

Les changements économiques mondiaux ont un impact direct sur le marché du travail. Pour réussir dans un environnement en constante évolution, il est essentiel de rester informé des tendances économiques, d'anticiper les changements et de vous adapter rapidement. En développant des compétences variées, en restant ouvert à la mobilité et en construisant un réseau solide, vous pouvez naviguer avec succès dans les différents défis et opportunités que le paysage économique mondial présente.

Partie 9

Signature du contrat et intégration

Chapitre 29

Analyse et comparaison des offres d'emploi

Lorsque vous recevez des offres d'emploi, il est important de les analyser et de les comparer soigneusement pour prendre une décision éclairée. Chaque offre a ses avantages et ses inconvénients, et choisir la meilleure option pour votre carrière nécessite une évaluation minutieuse. Nous allons voir les étapes clés pour analyser et comparer les offres d'emploi afin de faire le choix le plus approprié pour vous.

1. Évaluation de l'offre :

a. Rôle et responsabilités : analysez les détails du poste pour vous assurer qu'ils correspondent à vos compétences, à vos intérêts et à vos objectifs.

b. Salaire et avantages : examinez le salaire proposé, ainsi que les avantages tels que les prestations de santé, les congés payés et les bonus.

c. Localisation : prenez en compte la localisation du poste et son impact sur votre qualité de vie.

d. Cohérence avec vos objectifs : évaluez si le poste est en ligne avec vos objectifs à court et à long terme.

2. Comparaison des Offres :

a. Créez une liste : répertoriez les avantages et les inconvénients de chaque offre pour les comparer plus facilement.

b. Utilisez des critères objectifs : évaluez les offres en fonction de critères objectifs tels que le salaire, les avantages et les responsabilités.

c. Priorités personnelles : considérez vos priorités personnelles, comme l'équilibre entre vie professionnelle et vie personnelle, dans votre évaluation.

3. Réalisation d'une évaluation coûts-bénéfices :

a. Calculez les coûts : calculez les coûts associés au poste, tels que le temps de trajet et les dépenses supplémentaires.

b. Pesez les avantages : évaluez les avantages, comme les opportunités de croissance, de développement professionnel et de réseau.

4. Consultez votre réseau : parlez à des mentors, des amis et des professionnels de confiance pour obtenir leurs perspectives.

5. Tenez compte de la culture d'entreprise : évaluez si la culture de l'entreprise correspond à vos valeurs et à votre style de travail.

6. Négociez en toute connaissance de cause : si vous décidez de négocier, assurez-vous de connaître vos priorités et les éléments négociables.

7. Écoutez votre instinct : écoutez votre intuition et choisissez l'offre qui résonne le plus avec vous.

8. Pesez le pour et le contre pour prendre votre décision : après une analyse approfondie, choisissez l'offre qui offre le meilleur équilibre entre vos priorités et vos aspirations.

9. Notification aux autres offres : si vous devez décliner des offres, faites-le avec respect et gratitude pour l'opportunité.

L'analyse et la comparaison des offres d'emploi sont des étapes cruciales pour prendre une décision informée et alignée sur vos objectifs professionnels. En évaluant les rôles, les avantages, les valeurs de l'entreprise et d'autres facteurs clés, vous pouvez choisir une offre qui vous permettra de développer votre carrière et de réaliser vos aspirations. Gardez à l'esprit que chaque individu a des priorités différentes, donc la meilleure offre pour vous peut différer de celle des autres.

Chapitre 30

Conseils pour une intégration réussie dans un nouveau poste

Une fois que vous avez accepté un nouveau poste, l'intégration dans l'entreprise est essentielle pour réussir et s'épanouir dans votre nouveau rôle. Une transition en douceur et une compréhension approfondie de votre environnement de travail peuvent faire une grande différence. Nous allons voir des conseils pour une intégration réussie dans un nouveau poste.

1. Préparez-vous avant votre premier jour :

a. Recherchez l'entreprise : familiarisez-vous avec la culture, les valeurs et les produits ou services de l'entreprise.

b. Connaissez votre équipe : apprenez à connaître vos futurs collègues en consultant leurs profils professionnels en ligne.

2. Premier jour et premières impressions :

a. Arrivez à l'heure : montrez votre engagement en arrivant à l'heure pour votre premier jour.

b. Apparence professionnelle : habillez-vous de manière appropriée pour montrer que vous prenez votre rôle au sérieux.

c. Soyez ouvert et engagé : soyez ouvert à rencontrer de nouvelles personnes et à vous impliquer dans les activités de la journée.

2. Faites preuve d'écoute active :

a. Posez des questions : posez des questions pour comprendre les attentes, les processus et les responsabilités.

b. Écoutez les retours : soyez réceptif aux commentaires de vos collègues et de votre superviseur.

3. Apprenez les processus et le fonctionnement :

a. Formation continue : profitez des opportunités de formation pour vous familiariser avec les outils et le fonctionnement de l'entreprise.

b. Demandez de l'aide : n'hésitez pas à demander de l'aide si vous avez des difficultés avec les processus ou les tâches.

4. Établissez des relations professionnelles :

a. Réseautage : Impliquez-vous dans des activités de réseautage pour connaître vos collègues et établir des liens.

b. Rencontrez votre équipe : prenez le temps de rencontrer individuellement vos collègues et votre superviseur.

5. Entretien avec votre superviseur : discutez avec votre superviseur des objectifs à court et à long terme de votre rôle.

6. Adaptez-vous à la culture d'entreprise : apprenez les normes de comportement et les valeurs de l'entreprise pour vous intégrer harmonieusement.

7. Temps d'adaptation : il faut du temps pour s'ajuster à un nouvel environnement. Soyez patient avec vous-même.

8. Proposez des idées : contribuez en proposant des idées pour améliorer les processus et les projets.

9. Sollicitez des commentaires : demandez régulièrement des commentaires sur vos performances pour vous améliorer continuellement.
10. Équilibre vie professionnelle et vie personnelle : assurez-vous de gérer votre temps de manière à maintenir un équilibre entre vie professionnelle et vie personnelle.

L'intégration réussie dans un nouveau poste nécessite une approche proactive, de l'ouverture d'esprit et de l'adaptabilité. En suivant ces conseils, vous pouvez vous intégrer efficacement dans votre nouvel environnement de travail, établir des relations professionnelles solides et contribuer de manière significative à l'entreprise. Une intégration réussie peut non seulement renforcer votre confiance, mais aussi poser les bases d'une carrière épanouissante au sein de votre nouvelle organisation.

Chapitre 31

Perspectives pour l'avenir

Rappelez-vous que la recherche d'emploi est un parcours unique pour chaque individu. Les défis et les opportunités peuvent varier, mais avec les compétences et les connaissances acquises grâce à ce guide, vous êtes mieux équipé pour faire face à tout ce qui se présente à vous. Voici quelques derniers points à retenir et des perspectives pour l'avenir :

1. Continuer à apprendre et à évoluer : le monde du travail est en constante évolution. Il est crucial de maintenir une attitude d'apprentissage continu et d'actualiser régulièrement vos compétences pour rester compétitif sur le marché.

2. Adapter votre approche : chaque opportunité et défi sont des occasions d'apprendre et de grandir. Soyez prêt à ajuster votre approche en fonction des retours et des nouvelles informations que vous acquérez.

3. Cultiver des relations professionnelles : votre réseau professionnel est un atout précieux. N'oubliez pas de cultiver et d'entretenir des relations avec des collègues, des mentors et d'autres professionnels qui peuvent vous aider tout au long de votre carrière.

4. Maintenir une vision à long terme : la recherche d'emploi n'est qu'une étape dans la création d'une carrière durable. Gardez à l'esprit vos objectifs à long terme et travaillez continuellement vers eux.

5. La persévérance paie : la recherche d'emploi peut parfois être difficile et exigeante. La persévérance, la résilience et la confiance en vous sont des éléments clés pour surmonter les obstacles.

La recherche d'emploi peut être une expérience enrichissante et transformatrice. Grâce à ce guide, vous avez appris à identifier vos compétences, à créer un CV percutant, à maîtriser les entretiens et à naviguer dans les différentes étapes du processus. Vous avez également ment exploré des aspects plus larges tels que l'adaptation aux changements économiques, le travail indépendant et la gestion de carrière à long terme.

Maintenant que vous avez ces connaissances et ces compétences, c'est à vous de jouer. Utilisez-les pour créer la carrière que vous désirez, pour saisir les opportunités qui se présentent et pour continuer à grandir en tant que professionnel. Votre parcours est unique, et je vous encourage à persévérer avec confiance, passion et détermination. Bonne chance dans votre avenir professionnel, et que chaque étape vous rapproche de la réalisation de vos rêves.

Table des matières